Dieses Buch gehört:

WAS IST WAS Erstes LESEN

Karin Bischoff

Wald

TESSLOFF

Hallo!

Ich heiße Ticki.
Ich bin ein Buntspecht und ich liebe den Wald. Bestimmt hast du im Frühling schon mal mein Trommeln am Baumstamm gehört. Weshalb ich davon kein Kopfweh bekomme, verrate ich dir später!

Wusstest du eigentlich, dass in einer Handvoll Waldboden mehr Lebewesen wohnen als Menschen auf der Erde?

Komm mit mir in den Wald und lerne viele spannende Dinge über meinen Lebensraum!

Inhalt

Unser Wald

Unterwegs im Wald

Viele Menschen lieben den Wald.
Bei einem Spaziergang
genießen sie die gute, frische Luft
und erholen sich von ihrem Alltag.
Es duftet nach Baumharz,
Erde, Kräutern und Pilzen.

Bist du auch gerne im Wald unterwegs?
Dann bleib doch einmal stehen und lausche.
Vielleicht hörst du eine Amsel singen
oder einen Specht hämmern.
Vielleicht rauschen die Blätter
der Bäume im Wind.
Vielleicht ist es aber gerade
auch ganz still.

Vogelzwitschern und Blätterrauschen: Im Wald hörst du die unterschiedlichsten Geräusche.

Im Wald ist das Klima anders als in der Umgebung.

Was ist eigentlich ein Wald?

Eine Fläche, die mit Bäumen bewachsen ist,
ist noch kein Wald.
Von einem Wald spricht man erst,
wenn viele Bäume so dicht beieinanderstehen,
dass dort ein eigenes Klima entsteht.

Das kannst du besonders gut
an einem heißen Sommertag beobachten.
Im Wald ist die Luft kühler und feuchter
als in der Umgebung.

Zum Wald gehören auch Flächen
mit kleineren Pflanzen,
wie zum Beispiel Sträuchern und Büschen,
oder Waldwege und Lichtungen.

Eine Wildschwein-Familie sucht nach Nahrung.

Dieses Rehkitz kann sich im Wald gut verstecken.

Wie in einer Familie

Im Wald leben alle Tiere und Pflanzen
wie in einer Familie zusammen.
Die Tiere finden Schutz und Nahrung.
Hier können sie ihre Jungen aufziehen.

Umgekehrt sind die Tiere auch
für den Wald nützlich.
Sie fressen schädliche Insekten
und lockern den Waldboden auf.
So helfen sie den Pflanzen,
zu wachsen und sich zu verbreiten.

Wo kann Wald wachsen?

Wälder gibt es nicht überall.
Denn sie wachsen nur dort,
wo es ausreichend regnet
und es genügend Nährstoffe im Boden gibt.

Oberhalb der sogenannten Baumgrenze wachsen in den Bergen keine Bäume mehr.

Außerdem darf es nicht zu kalt
und nicht zu heiß sein.
In der Wüste oder in der arktischen Zone
gibt es deshalb keine Wälder.
Auch im Hochgebirge
können keine Bäume mehr wachsen.

Hast du gewusst ...

... dass in Deutschland etwa 90 Milliarden Bäume wachsen? Wälder bedecken ungefähr ein Drittel der Fläche unseres Landes.

Wald von oben

Stell dir einmal vor, du schwebst mit einem Heißluftballon über das Land. Dann kannst du von oben immer wieder große Flächen mit Nadelbäumen sehen.

Früher standen an diesen Stellen Laubbäume. Sie wurden jedoch nach und nach abgeholzt. Die Menschen brauchten Holz zum Bauen oder Platz, um Ackerbau zu betreiben.

Die kahl geschlagenen Stellen wurden nun mit Nadelbäumen, vor allem Fichten, bepflanzt. Denn Fichten wachsen sehr gut nach und sind besonders gerade. Das ist praktisch, wenn man sie als Bauholz verwenden möchte.

Die Fichten in diesem Nadelwald stehen in Reih und Glied.

Die Mischung macht's

Inzwischen weiß man aber,
dass Nadelbäume oft von Schädlingen
befallen werden.
Außerdem reichen Fichtenwurzeln
nicht sehr tief in den Boden.
Darum können sie bei starken Stürmen
entwurzelt werden.

Heute sorgen viele Förster dafür,
dass unsere Wälder wieder umgebaut werden.
Deshalb werden immer mehr Mischwälder gepflanzt,
also Laubbäume und Nadelbäume gemischt.

Inmitten von Nadelbäumen
wächst eine junge Buche
heran.

Eine einzige Buche
produziert Sauerstoff
für etwa 50 Menschen.

Wunderwerk Wald

Wälder sind sehr wichtig für uns.
Sie verbessern die Luft,
denn sie filtern Staub
und andere schädliche Stoffe heraus.
Gleichzeitig geben sie Sauerstoff ab,
den wir zum Leben benötigen.
Große Parks oder Waldflächen
nennt man deshalb auch grüne Lunge.

Autos, Flugzeuge und Fabriken
pusten jeden Tag große Mengen
Kohlendioxid in die Umgebung.
Ohne Wälder hätten wir auf der Erde
schon längst dicke Luft.

Gute Luft

Bäume filtern also unsere Luft.
Wie machen sie das?

Aus Kohlendioxid, Wasser, Licht und Mineralien können Bäume Sauerstoff und Zucker herstellen.
Den Zucker benötigen sie selbst zum Wachsen.
Den Sauerstoff brauchen Menschen und Tiere.
Wir atmen ihn über die Luft ein.
Wenn wir wieder ausatmen,
gelangt Kohlendioxid zurück in die Luft.
Der Kreislauf, Fotosynthese genannt,
beginnt von vorn. Einmalig!

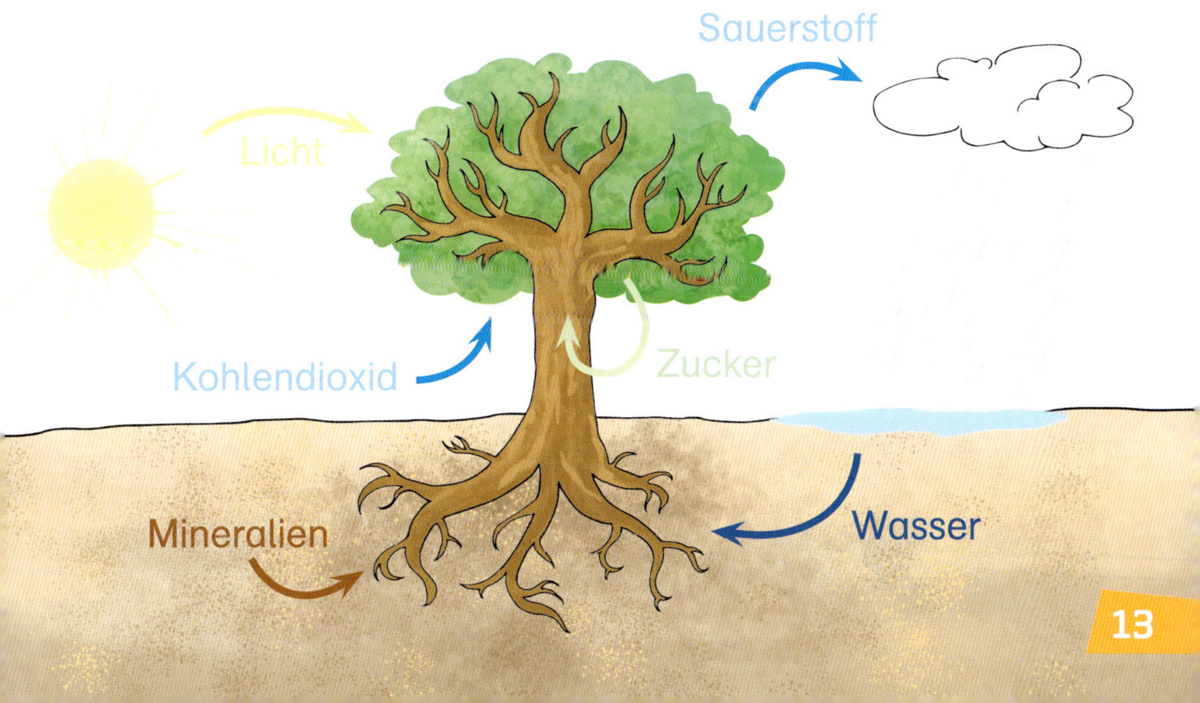

Wie ein Schwamm saugt der Waldboden das Wasser auf.

Wasserwerk

Aber der Wald kann noch mehr.
Er speichert und reinigt unser Wasser.
Wenn es regnet, fließt das Wasser nicht davon,
sondern sickert in den Boden.
Tröpfchen für Tröpfchen sammelt es sich
in tieferen Schichten als sauberes Grundwasser.
Eine große Menge unseres Trinkwassers
stammt aus dem Wald.

Schutz für den Boden

Viele Bäume auf einmal
schützen außerdem den Waldboden.
Denn die Wurzeln halten die Erde fest.
So kann der fruchtbare Boden
durch heftigen Regen oder Wind
nicht weggeschwemmt oder verweht werden.

Prima Klima

Wälder sind besonders gute Klimaschützer.
Eine Gefahr für das Klima ist nämlich,
dass sich die Erde immer weiter erwärmt.
Ein gesunder Wald ist gut für das Klima,
weil warme Luft im Wald
wieder abgekühlt wird.

Vor allem die tropischen Regenwälder
rund um den Äquator sind dabei sehr wichtig.
Sie sind die grüne Lunge der ganzen Erde.
Denn sie produzieren besonders viel Sauerstoff
und speichern große Mengen sauberes Wasser.
Deshalb ist der Schutz der Regenwälder
für uns alle wichtig.

Der größte Regenwald
wächst in Südamerika
rund um den Fluss Amazonas.

Tukan

Schachtelhalm

Seit wann gibt es Wälder?

Die ersten Wälder entstanden vor sehr, sehr langer Zeit, nämlich vor über 300 Millionen Jahren. Im feuchten Klima wuchsen zuerst riesige Farne und Schachtelhalme. Es vergingen noch einmal 30 Millionen Jahre, bis es die ersten Nadelbäume gab.

Viele Millionen Jahre später stampften Dinosaurier durch Wälder aus großen Ginkgobäumen. Die ersten Laubbäume gab es vor etwa 100 Millionen Jahren.

Ginkgobäume

Hast du gewusst ...

... dass es Ginkgobäume heute noch gibt? Diese besonderen Bäume haben zwar Blätter, sind aber keine Laubbäume. Sie gehören auch nicht zu den Nadelbäumen. Sie bilden eine eigene Klasse der Ginkgopflanzen.

Tickis Lesequiz

1 Die Wurzeln der Fichte ...

a) reichen viele Meter in den Boden hinein.

b) wachsen nach oben.

c) reichen kaum in die Tiefe.

2 Was schützt der Wald nicht?

a) Die Luft und das Klima.

b) Das Wasser und den Boden.

c) Das Wetter und die Wolken.

3 Welche Pflanzen wuchsen in den ersten Wäldern?

a) Schachtelhelme

b) Schachtelhalme

c) Strohhalme

Lösung: 1c), 2c), 3b)

Was wächst im Wald?

Nadeln oder Blätter?

Einen Wald, in dem vor allem Nadelbäume wachsen, nennt man Nadelwald.
Hier gibt es Fichten, Tannen, Kiefern oder Lärchen.
Fast alle Nadelbäume werfen ihre Nadeln im Herbst und Winter nicht ab.
So ist der Wald das ganze Jahr über grün.
Zugleich ist es im dichten Nadelwald am Boden recht dunkel.
Deshalb wachsen hier außer den Bäumen nur wenige Pflanzen wie Moose und Farne.

Im Laubwald dagegen gedeihen viele verschiedene Laubbäume.
Sie sind unterschiedlich hoch.
Hohe Bäume schützen kleinere vor Wind, Hagel oder zu starker Sonne.

Mehr Licht

In einem Laubwald fällt mehr Licht durch die Blätter auf den Boden. Deshalb wachsen hier auch mehr niedrige Sträucher und Büsche.

Alles gemischt

Wie der Name schon verrät, wachsen in einem Mischwald Nadel- und Laubbäume nebeneinander. Diese Mischung hat viele Vorteile, denn der Mischwald ist viel robuster als der reine Nadelwald. Wegen der unterschiedlichen Bäume fühlen sich hier auch viele verschiedene Tiere wohl.

Rothirsch

Der Rothirsch ist das größte Tier in unseren Wäldern. Er wird auch König des Waldes genannt.

Unterm Blätterdach

Die Baumkronen der Laubbäume
haben meist eine eher runde Form.
Ihre Blätter sehen ganz verschieden aus:
mal oval, mal länglich, mal gezackt.
An den Blättern, Früchten und auch an der Rinde
kannst du die Laubbäume gut unterscheiden.

Die **Buche** hat eine glatte, graue Rinde.
Ihre Früchte heißen Bucheckern.
Sie sind echte Leckerbissen
für Wildschweine oder Eichhörnchen.
Eine Buche kann bis zu 40 Meter
hoch werden.

Eine **Eiche** kann bis zu
1 000 Jahre alt werden.
Ihr Stamm ist grob und rissig,
die Äste dick und stark.
Die Eicheln, die Früchte der Eiche,
sind bei vielen Waldtieren
als Futter sehr beliebt.
Sie geben ihnen Kraft für den Winter.

Bergahorn

Der **Ahorn** hat besonders auffällige Früchte.
Wie kleine Propeller drehen sie sich
in der Luft und segeln zu Boden.
Der Samen liegt in der Mitte
und kann sich beim Fliegen verstreuen.
Auch die Ahornblätter kannst du leicht
an ihren fünf Zacken erkennen.

Birke

Die **Birke** kannst du anhand ihrer
weißen Rinde sofort erkennen.
Im Frühling bekommt die Birke als Erste
ihre zarten, grünen Blätter.
Birkenblüten nennt man Kätzchen.
Die reifen Früchte der Birke sind winzig klein
und werden vom Wind davongetragen.

Jahreszeiten im Wald

Laubbäume sind echte Verwandlungskünstler.
Ob Frühling, Sommer, Herbst oder Winter:
Laubbäume passen sich allen Jahreszeiten an.

Im Winter legen sie eine Pause ein.
Die Zweige sind kahl und manchmal
verschwinden sie unter einer Schneedecke.
Trotzdem sind schon Knospen da,
die sich für den Frühling bereit machen.

Im Frühling wachen die Bäume auf.
Die Wurzeln nehmen Wasser auf
und schicken es durch den Stamm in die Zweige.
Die Knospen brechen auf
und kleine grüne Blätter und Blüten
beginnen zu wachsen.

Winter

Frühling

Von grün bis bunt

Im Sommer grünt und blüht es überall.
An den Bäumen sind viele Blätter gewachsen.
Sie bilden ein dichtes Blätterdach.
Im Wald ist es an heißen Tagen schön kühl.

Im Herbst färben sich
die Blätter der Laubbäume bunt.
Mit der Zeit werden sie welk und fallen ab.
So bereiten sich die Bäume auf den Winter vor.
Denn wenn der Boden gefroren ist,
kann der Baum kein Wasser aufnehmen
Die Blätter werden nicht mehr versorgt.
Ohne Laub können Laubbäume
die kalte Jahreszeit besser überstehen.

Nadelige Gesellen

Im Gegensatz zu den runden Laubbäumen haben Nadelbäume eine eher dreieckige Form. Ihr Stamm wächst oft kerzengerade nach oben. An den Zweigen hängen die Nadeln dicht an dicht. Die Früchte der Nadelbäume sind die Zapfen.

Fichten sind die häufigsten Nadelbäume in unseren Wäldern. Sie haben spitze Nadeln, die rund um den Zweig herumwachsen. Die länglichen Zapfen hängen nach unten. Wenn sie reif sind, fallen sie als Ganzes ab.

Kiefern sind sehr robuste Bäume. Ihre Nadeln sind lang und nicht so spitz wie die Nadeln der Fichte. Auch die Zapfen sind kürzer und runder als die Fichtenzapfen. Kiefern wachsen besonders gut auf Sandböden.

Tannen haben weiche, flache Nadeln,
die nicht besonders spitz sind.
Ihre Zapfen wachsen aufrecht am Zweig.
Wenn die Samen reif sind,
zerfallen die Tannenzapfen.
Die Schuppen fallen einzeln herunter
und die Zapfenspindel bleibt
am Baum zurück.
Deshalb wirst du niemals
Tannenzapfen am Waldboden finden!

Tanne

Lärche

Die **Lärche** ist ein ganz besonderer Nadelbaum.
Denn sie wirft als Einzige ihre Nadeln im Herbst ab.
Warum? Weil sie früher nur im Gebirge wuchs.
Dort war der Winter oft sehr kalt.
Wie ein Laubbaum schützt sich die Lärche
durch das Abwerfen der Nadeln vor Frost.

Stockwerke im Wald

Ähnlich wie in einem Hochhaus
gibt es auch im Wald Stockwerke.
Hier stehen niedrige Pflanzen
wie Sträucher und junge Bäume
mit älteren, hohen Bäumen
auf engem Raum nah beieinander.
So können sie den Platz und das Licht
am besten ausnutzen.

Baumschicht
Die Baumkronen sind dem Wetter am stärksten ausgesetzt. Die hohen Bäume erhalten aber auch am meisten Licht.

Strauchschicht
Hier ist es schon etwas schattiger als in der Baumschicht. Es gedeihen viele Sträucher und kleinere Bäume.

Krautschicht
Auf dem Boden wachsen Kräuter, Farne und Gräser. Im Frühling gibt es hier auch Blütenpflanzen wie zum Beispiel das Buschwindröschen.

Bodenschicht
Moose, Pilze und eine Schicht aus alten Blättern bedecken den Boden.

Ab ins Gebüsch

Wenn genug Licht den Waldboden erreicht, wachsen dort Büsche und Sträucher. Sie haben keinen Stamm in der Mitte, sondern bilden vom Boden aus viele kleine Zweige.

Im Sommer hängen saftige Himbeeren, Brombeeren oder Walderdbeeren an den Sträuchern. Der Holunderbusch trägt jetzt seine leuchtend roten Beeren. Im Haselnussstrauch reifen die knackigen Haselnüsse heran. Das ist dann ein Fest für viele Waldtiere wie Eichhörnchen, Wildschweine und Vögel.

Brombeere

Die Nüsse des Haselstrauchs sind ein Festessen für die kleine Haselmaus.

Farne lieben feuchte und schattige Plätze im Wald.

Moos

Schwämme aus Moos

Im feuchten Schatten der Bäume
fühlen sich Moose sehr wohl.
Diese einfachen Pflanzen
sind gut für den Wald.
Sie speichern Wasser wie ein Schwamm.
Für die Baumwurzeln ist das sehr nützlich.

Mit Hütchen

Auch Pilze sind für den Wald sehr wichtig.
Sie zersetzen totes Holz, Laub und Nadeln.
So sorgen sie dafür, dass wieder
neuer, fruchtbarer Waldboden entsteht.

Hast du gewusst ...

... dass der eigentliche Pilz verborgen
unter der Erde oder im Holz wächst?
Was wir als Pilz bezeichnen,
ist nur der Fruchtkörper.

Wohngemeinschaften

Unter der Erde kann man
etwas sehr Erstaunliches beobachten:
Pilzgeflechte umhüllen Baumwurzeln
und bilden mit ihnen eine Art
Wohngemeinschaft.
Dabei haben beide Seiten Vorteile.

Mithilfe der Pilze können die Baumwurzeln
noch mehr Wasser und Nährstoffe aufnehmen.
Außerdem schützen Pilze die Bäume
vor Erkrankungen und filtern Schadstoffe.

Dafür bekommen die Pilze
Zucker von den Bäumen.
Den brauchen sie als Nahrung,
aber sie können ihn nicht selbst herstellen.

Tickis Lesequiz

1 Wie wachsen die Tannenzapfen?

a) Hängend an den Tannenzweigen.

b) Am Stamm.

c) Aufrecht auf den Tannenzweigen.

2 Wie heißt das oberste Stockwerk des Waldes?

a) Baumschicht

b) Dachschicht

c) Wipfelschicht

3 Warum werfen Laubbäume im Herbst ihre Blätter ab?

a) Weil sie sich damit vor der Kälte schützen.

b) Weil sie ihnen zu schwer werden.

c) Sie machen Platz für den Schnee.

Lösung: 1c), 2a), 3a)

Wer wohnt im Wald?

Die Waldbewohner

Viele verschiedene Tiere finden
in unseren Wäldern ein Zuhause.
Dabei hat jede Tierart
ganz bestimmte Vorlieben.

Baummarder

Baumschicht

Ganz oben im Blätterdach der Bäume fühlen sich viele Tiere wohl und sicher. Neben Spechten wohnen dort zum Beispiel Eulen, Eichhörnchen oder Baummarder.

Reh

Blaumeise

Strauchschicht

Hier finden Rehe, Hirsche, Füchse oder Wildschweine Deckung und Schutz. Viele Vögel wie der Buchfink, die Meise, der Kuckuck oder die Taube haben in den Sträuchern ihre Nester.

Krautschicht
Schmetterlinge oder Bienen fliegen von Blüte zu Blüte. Der Igel findet hier wunderbare Verstecke.

Bodenschicht
Hier fühlen sich viele kleine Tiere wie Eidechsen, Spinnen, Ameisen oder Schnecken wohl.

Wurzelschicht
Regenwürmer buddeln sich kleine Gänge. Damit lockern sie den Boden auf. Zwischen den Wurzeln gibt es viele Höhlen und Tunnel. Tagsüber verkriechen sich dort Dachse, Füchse oder Mäuse.

Eichhörnchen kannst du tagsüber oft beobachten.

Im Wald bei Tag

Am Tag ist im Wald ganz schön was los!
Insekten wie Bienen, Schmetterlinge und Käfer schwirren oder krabbeln umher.
In den Zweigen der Bäume entdeckst du vielleicht einen Eichelhäher oder ein flinkes Eichhörnchen.

Manche Tiere wirst du aber nur selten beobachten können.
Denn viele Waldtiere, wie zum Beispiel das Reh, sind sehr scheu und laufen vor den Menschen davon.

Hast du gewusst, dass ...

... Spechte beim Hämmern kein Kopfweh kriegen?
Sie spannen ihre Schnabelmuskeln an.
So wirkt der Schnabel innen wie ein Stoßdämpfer.

Mit seinen weit geöffneten Pupillen kann der Waldkauz auch in der Nacht sehr gut sehen.

Rotfuchs

Nachts im Wald

Viele Tiere werden jedoch erst in der Dämmerung oder nachts aktiv. Dabei sind sie perfekt an das Leben im Dunkeln angepasst.

Wildschweine haben eine feine Nase. Damit können sie sogar nachts Würmer und Larven in der Erde aufspüren.

Auch Waldmäuse haben einen guten Riecher. Mit ihrer Nase und den Tasthaaren stöbern sie im Dunkeln Insekten auf.

Füchse haben sehr feine Ohren. So können sie das leise Trappeln von Mäusen deutlich hören.

Wölfinnen sind besonders fürsorgliche Mütter.

Ich bin wieder da!

Lange Zeit gab es keine Wölfe mehr
bei uns in Deutschland.
Doch seit einigen Jahren streifen
diese faszinierenden Raubtiere
wieder durch unsere Wälder.
Die ersten Tiere sind aus Polen eingewandert
und haben sich bei uns vermehrt.
Die meisten Wolfsrudel leben
im Osten Deutschlands.

Hast du gewusst, dass ...

... in einigen Waldgebieten bei uns
auch wieder Luchse leben?
Sie galten als ausgerottet.
Naturschützer haben die Raubkatzen
aber wieder angesiedelt.
Nun vermehren sie sich langsam.

Grauwolf

Wolf und Mensch

Wölfe sind Wildtiere und besonders scheu.
Deshalb begegnen sich Mensch und Wolf
eigentlich nicht.
Wenn der Wolf einen Menschen wittert,
zieht er sich zurück.
Selbst Wolfsforscher bekommen
nur sehr selten einen Wolf zu sehen.

Naturschützer freuen sich,
dass es in Deutschland wieder Wölfe gibt.
Viele Schäfer und Bauern
haben aber Angst um ihre Tiere.
Denn es kommt ab und zu vor, dass Wölfe
Schafe oder Kühe auf der Weide angreifen.

Tierisch gute Helfer

Im Wald wohnen viele nützliche Tiere.
Sie sorgen dafür, dass der Wald wachsen und sich verbreiten kann.

Wildschweine durchwühlen mit der Schnauze den Waldboden nach Nahrung.
Damit lockern sie den Boden auf.
So können neue Pflanzen gut wachsen.

Rot leuchtende Beeren locken Vögel an.
Sie fressen das Fruchtfleisch auf.
Die festen Samen aber scheiden sie wieder aus.
An dieser Stelle kann nun ein neuer Beerenstrauch wachsen.

Dieser Grünfink lässt sich die Vogelbeeren schmecken.

Wildschwein

Genau wie das Eichhörnchen vergisst auch der Eichelhäher manchmal seinen Wintervorrat.

Wo sind die Nüsse?

Ein Eichhörnchen braucht Tausende
von Nüssen oder Bucheckern,
um den Winter zu überstehen.
Es sammelt die Früchte
und versteckt sie im Boden.
Aber manche Verstecke findet es
nicht mehr wieder.
So bleiben die Samen im Boden
und können dort zu Bäumen heranwachsen.

Leben im Boden

Waldboden ist oft weich wie ein Bett aus Federn.
Das liegt an der Schicht
aus abgestorbenen Pflanzenteilen.
Auf dem Boden sammeln sich
Rindenstücke, alte Blätter und Zweige.

Wenn du dir den Waldboden genau anschaust,
wirst du sehen, was hier alles entlangkrabbelt!
Manche Tiere davon sind so winzig,
dass du sie ohne Lupe gar nicht entdeckst.

Lauter hungrige Tierchen

Am Boden fühlen sich Springschwänze,
Milben, Schnecken, Asseln, Käfer
und Regenwürmer pudelwohl.
Diese kleinen Tiere sind
sehr wichtig für den Wald.
Sie fressen nämlich
die abgestorbenen Teile von Pflanzen.
Man sagt: Sie zersetzen sie.

Dabei entsteht Humus.
Das ist schwarze, nährstoffreiche Erde.
Sie ist wichtig, damit Pflanzen
gut wachsen können.

Weinbergschnecke

Regenwurm

Saftkugler

Schnurfüßer

Waldmistkäfer

Assel

Die Waldpolizei

Waldameisen haben
besonders wichtige Aufgaben.
Sie sind ständig unterwegs und fressen
die Larven von Baumschädlingen.
Außerdem lockern sie den Boden auf.

Ameisenhaufen

Rote Waldameise

Waldameisen halten auch den Wald sauber:
Sie transportieren tote Tiere in den Bau
und vertilgen sie dort.
Nicht umsonst werden Ameisen
die Polizei des Waldes genannt.
Für die kleinen Tiere ist das Schwerstarbeit!
Sie können Lasten schleppen,
die etwa 30-mal so viel wiegen wie sie selbst.

Tickis Lesequiz

1 Welches Tier ist nachts aktiv?

a) Specht

b) Eichhörnchen

c) Wildschwein

2 Welche Tiere kehren in unsere Wälder zurück?

a) Kamele und Lamas.

b) Wölfe und Luchse.

c) Eisbären und Polarfüchse.

3 Die Waldpolizei – wer ist damit gemeint?

a) Förster

b) Wölfe

c) Ameisen

Lösung: 1c), 2b), 3c)

Mensch und Wald

Am Waldweg liegen
die Baumstämme bereit
für den Transport
ins Sägewerk.

Der Wirtschaftswald

Die meisten Wälder in Deutschland
sind sogenannte Wirtschaftswälder.
Sie sind vor allem dazu da,
Holz zu produzieren.

In vielen dieser Wälder
wachsen nur Nadelbäume.
Sie stehen oft in Reih und Glied nebeneinander
und werden schnell größer.
Die Stämme können später gut verkauft werden,
denn sie sind besonders gerade gewachsen.

Es muss aber immer darauf geachtet werden,
dass nie zu viel Holz auf einmal
entnommen wird.
Es dürfen nur so viele Bäume gefällt werden,
wie auch nachwachsen können.

Alles aus Holz!

Die Stämme der gefällten Bäume
kommen zu einem Sägewerk.
Dort werden sie zu Balken oder Brettern
weiterverarbeitet.

Ich baue mir meine Höhle lieber selbst!

Holz wird zum Beispiel für Dachstühle
oder Fußböden gebraucht,
für die Herstellung von Möbeln
oder von Musikinstrumenten.
Auch ganze Häuser oder Brücken
können aus Holz gefertigt werden.

Oft wird Holz zum Heizen verwendet.
Manchmal aber sieht man dem Produkt
gar nicht an, dass es aus Holz ist,
wie zum Beispiel dem Papier.

Geigen

Sägewerk

Holz ist ein vielseitiger und umweltfreundlicher Baustoff.

Was macht der Förster?

Im Wald hat der Förster das Sagen.
Er entscheidet, welche Bäume
wachsen sollen und welche nicht.
Mit Farbe markiert der Förster die Bäume,
die gefällt werden müssen.
Dabei achtet er immer genau darauf,
dass genügend junge Bäume nachwachsen.

Außerdem hat er auch die Wildtiere im Blick.
Gibt es zu viele Rehe oder Wildschweine,
fressen sie die jungen Triebe
und schaden dem Wald.
Dann muss mehr gejagt werden.

Förster müssen aber auch
viel im Büro arbeiten.

Mit seinem Fernglas
kontrolliert der Förster,
ob die Bäume in seinem Revier
gesund sind.

Achtung – Baum fällt!

Wenn der Förster entschieden hat, welche Bäume abgesägt werden sollen, übernehmen Waldfacharbeiter die Arbeit. Einzelne, starke Bäume fällen sie mit ihren Motorsägen. Das ist ein sehr gefährlicher Job!

Werden mehrere Bäume zugleich gefällt, wird der Vollernter eingesetzt. Er schneidet die Bäume gleich in der richtigen Länge ab. Dabei entfernt er sogar Äste und Rinde. Anschließend zieht ein Forstschlepper die Baumstämme aus dem Wald heraus.

Früher haben Kaltblutpferde die Bäume aus dem Wald geschleppt. Und auch heute werden die kräftigen Tiere manchmal noch eingesetzt – dort, wo große Maschinen nicht hinkommen oder wo der Waldboden besonders geschont werden muss.

Zurück zur Natur!

Alte Bäume mit Höhlen und toten Ästen
oder umgestürzte Bäume –
das gibt es in einem Wirtschaftswald nicht.

Aber gerade die abgestorbenen Bäume
bieten vielen Insekten, Spinnen,
Reptilien und Säugetieren
einen wichtigen Lebensraum.

Auf dem feuchten Totholz
können sogar neue Bäume heranwachsen.
Buchen und Eichen breiten sich aus.
Sie gehören in unserem heimischen Wald
unbedingt dazu.

Auf Totholz können neue Bäume wachsen. Der Hirschkäfer hat hier seinen Lebensraum.

Der Nationalpark Bayerischer Wald ist der älteste Nationalpark in Deutschland.

Bayerischer Wald

Natürlicher Wald

Heute werden manche Wirtschaftswälder zu natürlichen Wäldern umgestaltet. Dabei lässt der Mensch den Wald so wachsen, wie er sich von ganz allein entwickeln würde.

In einem natürlichen Wald werden keine Bäume gefällt oder gepflanzt. Fällt ein Baum bei einem Sturm um, bleibt er als Totholz liegen.

Echte Urwälder gibt es bei uns nicht mehr. Urwaldähnliche Wälder wachsen aber wieder in besonders geschützten Gebieten, zum Beispiel in den Nationalparks in der Eifel oder dem Bayerischen Wald.

Ab in den Wald!

Egal zu welcher Jahreszeit:
Im Wald gibt es immer viel zu entdecken!

Reh, Hase oder Wildschwein:
Erkennst du die Fußspuren?
Am besten entdeckst du sie
in weicher, feuchter Erde
und natürlich im Schnee.

Wer wohnt hier?

Gehe aufmerksam durch den Wald.
Dann entdeckst du vielleicht
Höhlen oder Nester der Waldbewohner.
Oder du findest andere Hinweise,
dass hier vor Kurzem ein Tier gewesen ist.

Wildschweine wälzen sich gern im Schlamm. Vielleicht entdeckst du eine solche Suhle.

Ein runder Loch im Baumstamm, 4 bis 5 Zentimeter groß: Hier war ein Buntspecht am Werk!

Wenn ein Fuchs seinen Bau gräbt, liegt ausgeworfene Erde rundherum.

Regeln für Waldforscher

Wenn du im Wald unterwegs bist,
solltest du dich achtsam
und rücksichtsvoll verhalten.
Bleibe auf den Wegen und zerstöre
keine Pflanzen oder Wohnungen von Tieren.
Bedenke, dass viele Tiere Angst vor Lärm haben.
So wirst du als Waldforscher sicher
spannende Beobachtungen machen.

Sag mal, Ticki …

… warum hört man dich im Frühjahr so oft hämmern?

Ganz einfach! Ich baue eine Höhle
für unseren Nachwuchs!
Am besten sind dafür Baumstämme,
die innen schon ein bisschen morsch sind.
Manchmal gefällt mir die Höhle aber nicht.
Dann fange ich bei einem anderen Baum
noch mal von vorn an.

**Du machst dir ja viel Arbeit!
Was wird aus den verlassenen Höhlen?**

Da ziehen Tauben oder Meisen ein,
manchmal auch Eichhörnchen
oder Fledermäuse.

Wo fühlt ihr Spechte euch am wohlsten?

Wir brauchen den natürlichen Wald
mit verschiedenen Baumarten
und vielen anderen Pflanzen.
Das ist unser Lebensraum.
Hier finden wir genug zu fressen.
Und nur hier gibt es die alten Bäume,
in die wir unsere Höhlen bauen können.

Möchtest du uns noch etwas sagen?

Ja! Es ist schön, wenn ihr Menschen
den Wald besucht. Hier gibt es so viel
zu sehen und zu erleben.
Ich freue mich immer, wenn ihr stehen
bleibt und meinem Hämmern zuhört!
Nehmt aber bitte Rücksicht
auf die Tiere und Pflanzen im Wald!

Danke, Ticki, und pass gut auf dich auf!

Tickis großes Lesequiz

1 Wo wächst kein Wald?

a) Im Hochgebirge und in der Wüste.

b) Am Meer und an Seen.

c) Am Äquator.

2 Im Wald ...

a) ist die Luft kühler und feuchter als in der Umgebung.

b) ist es trockener als in der Umgebung.

3 Was stellen Bäume aus Wasser, Licht und Kohlendioxid her?

a) Regen und Erde.

b) Blätter und Wurzeln.

c) Zucker und Sauerstoff.

Lösung: 1a), 2a), 3c)

4 Welcher Nadelbaum wirft im Herbst seine Nadeln ab?

a) Tanne

b) Kiefer

c) Lärche

5 Welche Zapfen kann man nicht sammeln?

a) Tannenzapfen

b) Kiefernzapfen

c) Fichtenzapfen

6 Moos ...

a) lockert den Boden auf.

b) kann Wasser speichern.

c) trocknet den Waldboden aus.

Lösung: 4c), 5a), 6b)

7 **Eine Art Wohngemeinschaft bilden Baumwurzeln und ...**

a) Pilze.

b) Farne.

c) Asseln.

8 **Wer wohnt in der Baumschicht?**

a) Regenwürmer, Mäuse und Füchse.

b) Rehe, Hirsche und Wildschweine.

c) Eulen, Marder und Eichhörnchen.

9 **Welche Tiere lockern mit ihrer Schnauze den Waldboden auf?**

a) Hasen

b) Hirsche

c) Wildschweine

Lösung: 7a), 8c), 9c)

10 Was ist ein Vollernter?

a) Eine Maschine, die Bäume absägen kann.

b) Ein Waldarbeiter mit Motorsäge.

c) Eine Maschine, die Baumstämme aus dem Wald zieht.

11 Was ist Totholz?

a) Alte, lange Äste.

b) Alte, aber sehr dünne Bäume.

c) Abgestorbenes Holz.

12 Was ist ein Nationalpark?

a) Ein Vergnügungspark.

b) Ein großes Naturschutzgebiet.

c) Ein großer Stadtpark.

Lösung: 10a), 11c), 12b)

Bildquellennachweis

Colourbox: 22ul (Eichel: Alexlukin); Flickr: 50o (CC BY 2.0/photos by sanderl); Fotolia LLC: 21u (photobars); picture alliance: 27mr (Baum: Rolf Bender/OKAPIA), 52u (Armin Weigel/dpa-Bildarchiv/lby); Pixelio: 6um (Rainer Sturm); Shutterstock: 4-5 (J. Marijs), 6ul (Menno Schaefer), 7o (Inga Nielsen), 8ol (Martin Prochazkacz), 8or (Bildagentur Zoonar GmbH), 9m (Bildagentur Zoonar GmbH), 10u (karunpon), 11u (Markus Bolliger), 12ol (Wolfilser), 14o (AstaPhoto), 15ul (Filipe Frazao), 15ur (DeLoyd Huenink), 16or (Sue A Dunning), 16ml (Wolfilser), 16mr (kenjii), 18-19 (Edwin Butter), 20ol (Red Squirrel), 20or (travelfoto), 22ul (Baum: Allen Paul Photography), 22ul (Blatt: JIANG HONGYAN), 22mr (Blatt: Slawomir Zelasko), 22mr (Buchecker: Peter Hermes Furian), 22mr (Baum: Wolfilser), 23or (Blatt: KPixMining), 23or (Frucht: Ruth Swan), 23or (Baum: CTatiana), 23ur (Blatt: vvoe), 23ur (Kätzchen: Biserka Stojanovic), 23ur (Baum: Iakov Filimonov), 24ul (Kjetil Kolbjornsrud), 24ur (Katho Menden), 25ol (Hurst Photo), 25or (Alessio Ponti), 26ul (Nadeln: Volcko Mar), 26mr (Nadeln und Zapfen: taviphoto), 27or (Nadeln: Peter Hermes Furian), 27or (Zapfen: Zdenek Kubik), 27ul (Baum: dinkaspell), 27ul (Nadeln und Zapfen: Stefan Holm), 30mr (Alex Farias), 30u (Bildagentur Zoonar GmbH), 31ol (Kuttelvaserova Stuchelova), 31mr (flemingn), 31ur (muuraa), 34-35 (Ondrej Prosicky), 36ml (Abi Warner), 36ul (Jausa), 36ur (Vladimir Chernyanskiy), 37ol (Ondrej Prosicky), 37or (Tatyana-Sanina), 37m (taviphoto), 37ur (Martin Prochazkacz), 38o (Christian Wittmann), 39mr (Ondrej Prosicky), 40o (A.von Dueren), 40u (Travel Stock), 41ol (frederikloewer), 42ul (Vishnevskiy Vasily), 42ur (l i g h t p o e t), 43or (Victor Tyakht), 43ml (Bildagentur Zoonar GmbH), 44o (Waldboden: Anna Jurkovska), 44o (Springschwänze: Holger Kirk), 44o (Lupe: Vitaly Korovin), 45ml (Bildagentur Zoonar GmbH), 45mr (SIMON SHIM), 45um (Martin Burian), 45ur (PHOTO FUN), 46ml (Gabi Wolf), 46mr (Conny Skogberg), 48-49 (Parilov), 51ul (MarinaGrigorivna), 51ur (Photology1971), 53or (Rabsh), 53ml (stockddvideo), 54ul (Magdalena Sinakova), 54ur (PHOTO FUN), 55o (honza28683), 57or (TEDDOO), 57mr (Martin Prochazkacz), 61ul (flemingn), 62ur (Martin Prochazkacz), 63ul (honza28683); Thinkstock: 57ml (MikeLane45); Wikipedia: 26ul (Baum: CC BY-SA 2.0 de/Simon Koopmann), 26ul (Zapfen: CC BY 2.5/Georgi Kunev), 26mr (Baum: CC BY-SA 3.0/Qgroom), 39o (CC BY 2.0/Peter Trimming), 45mm (CC BY 2.0/Dodo-Bird), 45ul (CC BY 2.5/Stemonitis), 53ur (CC BY-SA 4.0/Bruno ULRICH)
Umschlagfotos: Shutterstock: U1 (Martin Prochazkacz), U4 (Martin Prochazkacz)

Burgschmietstraße 2 – 4
90419 Nürnberg
qualitaet@tessloff.com
www.tessloff.com

Autorin: Karin Bischoff
Illustration: Marie Gerstner, Annelie Weißmann
Grafik: Annelie Weißmann, Sabine Fischer
Lektorat: Sonja Meierjürgen
Bildredaktion: Susanne Wiechert
Druck: Livonia Print

ISBN 978-3-7886-2642-6

FSC www.fsc.org MIX Papier | Fördert gute Waldnutzung FSC® C002795

WAS IST WAS
Erstes LESEN
Wale und Delfine
TESSLOFF

WAS IST WAS
Erstes LESEN
Planeten
TESSLOFF

WAS IST WAS
Erstes LESEN
Vulkane
TESSLOFF

WAS IST WAS
Erstes LESEN
Natur entdecken
TESSLOFF

WAS IST WAS
Erstes LESEN
Bienen
TESSLOFF

WAS IST WAS
Erstes LESEN
Wald
TESSLOFF

WAS IST WAS
Erstes LESEN
Pferde und Ponys
TESSLOFF

WAS IST WAS
Erstes LESEN
Wetter
TESSLOFF

WAS IST WAS
Erstes LESEN
Polargebiete

WAS IST WAS
Erstes LESEN
Unsere Erde
TESSLOFF

WAS IST WAS
Erstes LESEN
Insekten
TESSLOFF

WAS IST WAS
Erstes LESEN
Ozeane
TESSLOFF

WAS IST WAS
Erstes LESEN
Dinosaurier
TESSLOFF
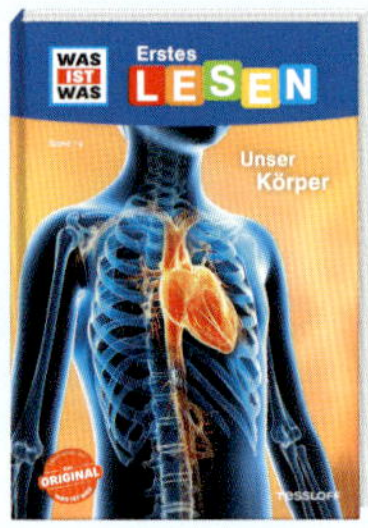
WAS IST WAS
Erstes LESEN
Unser Körper
TESSLOFF

WAS IST WAS
Erstes LESEN
Regenwald
TESSLOFF

WAS IST WAS
Erstes LESEN
Haie
TESSLOFF

WAS IST WAS
Erstes LESEN
Raubkatzen
TESSLOFF

WAS IST WAS
Erstes LESEN
Greifvögel
TESSLOFF

WAS IST WAS
Erstes LESEN
Ritter und Burgen
TESSLOFF

WAS IST WAS
Erstes LESEN
Wölfe
TESSLOFF